5342
A.

Ye   1509

EPISTOLA

CLARISSIMI VIRI

NIC. BOILEAU DESPREAUX

AD SUOS VERSUS,

E GALLICO IN LATINUM TRANSLATA.

EPISTRE X.

DE
M. BOILEAU DESPREAUX

A SES VERS.

J'AY beau vous arrêter, ma remontrance est vaine ;
Allés, partés, mes Vers, dernier fruit de ma veine.
C'est trop languir chés moi dans un obscur séjour.
La prison vous déplaît, vous cherchés le grand jour ;
Et déja chés Barbin, ambitieux Libelles,
Vous brûlés d'étaler vos feuilles criminelles.
Vains & foibles Enfans dans ma vieillesse nés,
Vous croyés sur les pas de vos heureux aînés
Voir bientôt vos bons mots passant du Peuple aux Princes,
Charmer également la Ville & les Provinces,
Et par le promt effet d'un sel réjouïssant
Devenir quelquefois proverbes en naissant.
Mais perdés cette erreur dont l'appas vous amorce.
Le temps n'est plus, mes Vers, où ma Muse en sa force

EPISTOLA
CLARISSIMI VIRI
NIC. BOILEAU DESPREAUX
AD SUOS VERSUS,
E GALLICO IN LATINUM TRANSLATA.

ERGO ratum est. Frustrà moneo vos, Carmina:
    lucem
Nempe affectatis, venæ labor ultimus. Ite,
Nil moror: obscuro jamdudum carcere condi
Indignata, nigrisque jacere abstrusa tenebris,
Pumice Barbini ardetis benè comta, malignas
Tandem ostentare, ambitiosa Volumina, chartas.
Speratis, grato ut quondam sale captus amicis
Nata sub auspiciis Lector mea scripta sonabat;
Sic vos, effœtæ proles ô frigida Musæ,
Sic quoque speratis populi volitare per ora,
Et dictis captare avidas felicibus aures:
Sed malè vos tanti spes vana favoris inescat.
Ætas præteriit, cùm divite carmina venâ
Molliùs effluerent; seu multo aspersa lepôre

Grandia dictarem feris præcepta Poëtis;
Sive, greges Vatum illepidos perfundere aceto
Callidus, illinerem mea chartæ alienáque menda.
Nemo adeò morosus erat, qui nostra soluto
Non legeret vultu: quin illa libenter adoptans
Dictis sæpè suis inspergere Lector amabat.

Æmula nunc postquam geminis disperfa senectus
Temporibus canet, rugosâque invida dextrâ
Ter mihi vicenos, duo si detraxeris, annos,
Magnum onus, imposuit; ne vos, mea Carmina, lactet
Frivola spes: quis enim vanis turgentia nugis
Ista emat argento? Melior jam evanuit ætas;
Utque abeundo jocos mihi, sic extorsit honores.
Ecce quati risu, & vobis illidere dentem
Cernetis populum, vestroque illudere Vati:
Quemque modò æquabat summis Scriptoribus, illo
Expunctum numero, turbam seponet in imam.

Du Parnasse François formant les Nouriçons,
De si riches couleurs habilloit ses Leçons :
Quand mon Esprit poussé d'un couroux legitime
Vint devant la Raison plaider contre la Rime,
A tout le Genre humain sçut faire le procez,
Et s'attaqua soi-même avec tant de succez.
Alors il n'estoit point de Lecteur si sauvage
Qui ne se déridât en lisant mon Ouvrage,
Et qui, pour s'égayer, souvent dans ses discours
D'un mot pris en mes Vers n'empruntât le secours.

    Mais aujourd'hui qu'enfin la Vieillesse venuë,
Sous mes faux cheveux blonds déja toute chénuë,
A jetté sur ma tête avec ses doigts pezans
Onze lustres complets surchargés de trois ans,
Cessés de présumer, dans vos folles pensées,
Mes Vers, de voir en foule à vos Rimes glacées
Courir l'argent en main les Lecteurs empressés.
Nos beaux jours sont finis, nos honneurs sont passés.
Dans peu vous allez voir vos froides rêveries
Du Public exciter les justes moqueries,
Et leur Auteur jadis à Regnier preferé :
A Pynchesne, à Liniere, à Perrin comparé.

> Vers *Vous aurés beau crier,* * *ô vieillesse ennemie!*
> Cid. *N'a-t-il donc tant vêcu que pour cette infamie?*
> *Vous n'entendrés par tout qu'injurieux brocards,*
> *Et sur vous, & sur luy fondre de toutes parts.*
>
> *Que veut-il, dira-t-on? Quelle fougue indiscrete*
> *Ramene sur les rangs encor ce vain Athlete?*
> *Quels pitoyables Vers! Quel style languissant*!
> *Malheureux, laisse en paix ton cheval vieillissant:*
> *De peur que tout à coup eflanqué, sans haleine,*
> *Il ne laisse en tombant son Maître sur l'arene.*
> *Ainsi s'expliqueront nos Censeurs sourcilleux:*
> *Et bientôt vous verrés mille Auteurs pointilleux*
> *Piece à piece épluchant vos sons & vos paroles*
> *Interdire chés vous l'entrée aux hyperboles,*
> *Traiter tout noble mot de terme hazardeux,*
> *Et dans tous vos Discours, comme monstres hideux,*
> *Huër la Metaphore, & la Metonymie;*
> *(Grands mots que Pradon croit des termes de Chymie)*
> *Vous soûtenir qu'un Lict ne peut être effronté:*
> *Que nommer la Luxure est une impureté.*
> *En vain contre ce flot d'aversion publique*
> *Vous tiendrés quelque temps ferme sur la boutique:*

Frustrà erit exclamasse, *ô vitæ longior usus!*
Huncne diu vixisse, senex infamis ut esset?
Nil minus intereà centum convicia quisque
Ingeret, & Vatem dictis urgebit amaris.

Nam quæ tanta animum cœpit dementia? Quare
Jam rude donatus veteri se includere ludo
Gestit, & elumbes fractosque extundere versus?
Desine, si sapias, & equum dimitte senilem,
Ne subitò peccet ridendus, & ilia ducens
In mediâ revolutum equitem prosternat arenâ.
Talia jactabit mordax per compita censor:
Tum mea nasutè distringens scripta, figuras
Scribendi varias, varios culpare colores:
Si quod odoratur dictum feliciter audax,
Hoc velut intrusum vitiosè, usuque remotum
Allatrare. Nefas *Lectum* appellare *protervum*
Asseret, & sanctum verbis violare pudorem
Quisquis *Luxuriam* vel tantùm nominat. Ergo
Tot contra populi, vos ô mea Carmina, sannas
Firma manere loco frustrà tentabitis: ire

In tenebras, & forte pares invisere versus
Coget publica vox, chartâque amicire recenti,
Queis præbere solent chartæ velamina ineptæ;
Aut projecta *Novi* hinc atque hinc in margine *Pontis*
Pascetis tineas, incondita fragmina, inertes.
  Sed quid ego hæc autem malè surdis irrita canto?
Scilicet æternum famæ immortalis honorem
Spe jam præcipitis; longosque ut gratia in annos
Virgilio & Flacco vivax constabit, eodem
Creditis in pretio venturis vos fore seclis.
Ite igitur; Vobis, per me mora non erit ulla,
Ut libet indulgete, in apertam erumpite lucem;
Sed vos fraternis socios adjungite versus:
Sic cognatam inter, confusa Poëmata, turbam
Vos, ut legitimos fœtus in jura paterna
Forsitan haud renuet judex admittere lector.
Sin etiam quandoque meo vos nomine captus
Non dedignetur facili percurrere vultu,
Hanc mihi mercedem posco, mea Carmina: vestri
Effigiem Vatis, calamo quam livor iniquus
Mendaci expressit, calamo emendate fideli.

Vous irés à la fin honteusement exclus
Trouver au magazin Pyrâme, & Regulus, *
Ou couvrir chés Thierry d'une feuille encor neuve
Les Meditations de Buzée & d'Hayneuve :
Puis, en tristes lambeaux semés dans les Marchés,
Souffrir tous les affronts au Jonas * *reprochés.*

 Mais quoy, de ces discours bravant la vaine attaque
Déja comme les Vers de Cinna, d'Andromaque,
Vous croyés à grands pas chés la Posterité
Courir marqués au coin de l'Immortalité.
Hé bien, contentés donc l'orgueil qui vous enyvre.
Montrés-vous, j'y consens : mais du moins dans mon Livre
Commencez par vous joindre à mes premiers Ecrits.
C'est-là qu'à la faveur de vos Freres cheris,
Peut-être enfin soufferts, comme Enfans de ma plume,
Vous pourés vous sauver épars dans le volume.
Que si mêmes un jour le Lecteur gracieux
Amorcé par mon nom sur vous tourne les yeux ;
Pour m'en récompenser, mes Vers, avec usure,
De vôtre Auteur alors faites-lui la peinture :
Et sur tout prenés soin d'effacer bien les traits,
Dont tant de Peintres faux ont flétri mes portraits.

* Pieces Theatre M. Prad

* poë. heroïqu non ven

Déposés hardiment : qu'au fond cet Homme horrible,
Ce Censeur qu'ils ont peint si noir, & si terrible,
Fut un Esprit doux, simple, ami de l'équité,
Qui cherchant dans ses Vers la seule verité,
Fit sans être malin ses plus grandes malices,
Et qu'enfin sa candeur seule a fait tous ses vices.
Dites ; que harcelé par les plus vils Rimeurs,
Jamais blessant leurs vers, il n'effleura leurs mœurs :
Libre dans ses discours, mais pourtant toûjours sage,
Asés foible de corps, asés doux de visage,
Ni petit, ni trop grand, tres-peu voluptueux,
Ami de la vertu plûtôt que vertueux.

 Que si quelqu'un, mes Vers, alors vous importune,
Pour sçavoir mes Parens, ma vie & ma fortune,
Contés-lui, qu'allié d'asés hauts Magistrats,
Fils d'un Pere Greffier, né d'ayeux Avocats,
Dès le berceau perdant une fort jeune Mere,
Réduit seize ans après à pleurer mon vieux Pere,
J'allai d'un pas hardi, par moi-même guidé,
Et de mon seul genie en marchant secondé,
Studieux amateur, & de Perse, & d'Horace,
Asés près de Regnier m'asseoir sur le Parnasse.

Dicite quem falsis pinxêre coloribus atrum,
Ingenio vixisse bono, facilique, pioque,
Semper & in chartis sectantem ponere verum
Si quosdam carpendo mali quid fecerit, illud
Haud animo fecisse malo, at candoris amore.
Dicite vexatum miseris Scriptoribus, horum
Scripta remordentem, mores nec molliter usquam
Vel dicto strinxisse levi ; sermone loquenda
Dicere non timidum, cautum celanda tacere,
Viribus haud firmum, non grandi corpore, mitem
Ore, voluptatum illecebris haud cedere mollem,
Et si cultorem minùs, at virtutis amicum.

Si quis fortè velit vitamque & nosse Parentes;
Noverit is Scribâ me natum Patre, Virisque
Quos Themis orantes stupuit majoribus ortum,
Et mihi non humiles cognato sanguine jungi.
Noverit, ut primas spiranti luminis auras
Aspera mors viridem mihi Matrem invidit, & annos
Bis post octo, senem invidit mihi cruda Parentem;
Me tamen intereà, ducibus sine; sed duce raptum
Ingenio, jamque in scriptis tritum atque recoctum,
Flacce, tuis; tuaque urgentem vestigia, Persi,
Monte sub Aonio vobis sedisse propinquum.

Tum, Versus, narrate ut summo è culmine Pindi
Protinus in mediam, fortunæ Filius, Aulam
Sorte novâ delatus, & ipse assurgere nisu
Audax insolito, valui non degener ales
Majores patrio pennas extendere nido:
Ut REX ille, suo magnos qui nomine Reges
Terrificat, sua me voluit describere facta:
Meque Viris narrate etiam placuisse supremis;
COLBERTO placuisse, & summis nunc quoque charum
Vivere: nam licet à Scenâ in secreta remotus,
Et sensu obtusus gemino, lateam in lare, nostris
Heroës tamen interdum succedere tectis,
Et mecum usurpare domi docta otia gaudent.
At natale comes genius qui temperat astrum
Indulsit majora etiam mihi prodigus: illa
E memori nunquam delebo pectore, at illa
Vos quoque, vos Versus, totum celebrate per orbem:
Nempe ego Loyolidæ benè multos gentis amicos
Etsi habeam, tamen hos contra qui felle salubri
Stillantem exeruit calamum defensor avitæ
ARNALDUS pietatis, eo quo plurima punxit
Scripta stilo, nostram voluit defendere Musam.
Ergo mei, si vos tangit mea gloria, Versus,

Que par un coup du sort au grand jour amené,
Et des bords du Permesse à la Cour entraîné,
Je sçûs, prenant l'essor par des routes nouvelles,
Elever asés haut mes poëtiques aîles :
Que ce ROY *dont le nom fait trembler tant de Rois*
Voulut bien que ma main crayonnât ses exploits :
Que plus d'un Grand m'aima jusques à la tendresse :
Que ma veuë à COLBERT *inspiroit l'allegresse :*
Qu'aujourd'hui même encor de deux sens affoibli,
Retiré de la Cour, & non mis en oubli,
Plus d'un Heros épris des fruits de mon estude
Vient quelquefois chés moy goûter la solitude.

Mais des heureux regards de mon Astre étonnant,
Marqués bien cet effet encor plus surprenant,
Qui dans mon souvenir aura toûjours sa place :
Que de tant d'Ecrivains de l'Ecole d'Ignace
Estant, comme je suis, ami si declaré,
Ce Docteur toutefois si craint, si reveré,
Qui contre Eux de sa plume épuisa l'énergie,
ARNAUD *le grand Arnaud fit mon apologie.* *
Sur mon tombeau futur, mes Vers, pour l'énoncer,
Courés en lettres d'or de ce pas vous placer.

*M. Ar[naud]
a fait [une]
Dissert[ation]
où il [me]
justifi[e]
contre [mes]
Censeu[rs,]
c'est [son]
dernie[r ou-]
vrage.

Allés jusqu'où l'Aurore en naissant void l'Hydaspe,
Chercher, pour l'y graver, le plus précieux jaspe.
Sur tout à mes Rivaux sçachés bien l'étaler.

Mais je vous retiens trop. C'est assez vous parler.
Déja plein du beau feu qui pour vous le transporte,
Barbin impatient chés moi frappe à la porte.
Il vient pour vous chercher. C'est luy : j'entens sa voix.
Adieu, mes Vers, adieu pour la derniere fois.

Quà tepidas oriens Sol afflat lumine terras
Ite citi, Pariumque mihi conquirite marmor;
Hujus ut inscriptum pretioso nomen in auro,
Nostrum olim signet tumulum, decoretque favillam,
Hocque meis nomen censoribus obstruat ora.
    Sed quid ego ardentes longo sermone fatigo?
Jam vos poscit hians Barbinus, & ostia pulsat.
Haud fallor, vox nota meas en contigit aures.
Ite igitur, Versus, mihi supremùmque valete.

B. GRENAN.

www.ingramcontent.com/pod-product-compliance
Lightning Source LLC
Chambersburg PA
CBHW061621040426
42450CB00010B/2593